RAPPORT

A

M. LE MINISTRE DE L'INSTRUCTION PUBLIQUE.

Imprimerie d'Adolphe ÉVERAT et comp., rue du Cadran, 16.

RAPPORT

SUR LES TRAVAUX

DE LA COLLECTION DES MONUMENTS INÉDITS

DE

L'HISTOIRE DU TIERS ÉTAT,

Adressé à M. Guizot, ministre de l'Instruction Publique,

Le 10 Mars 1857,

Par M. Augustin Thierry,

Membre de l'Institut.

PARIS,

JUST TESSIER, LIBRAIRE,

QUAI DES AUGUSTINS, 57.

RAPPORT

A

M. Guizot, ministre de l'Instruction Publique.

MONSIEUR LE MINISTRE,

A la fin de l'année dernière, vous m'avez fait l'honneur de me charger de diriger le travail d'une collection des chartes de communes et des statuts municipaux des villes de France, ainsi que des statuts et réglements des anciennes corporations d'arts et métiers, recueil destiné à éclaircir les origines et l'histoire du tiers-état. Comme vous me laissiez une entière liberté relativement à la conduite et à la division du travail, j'ai cherché premièrement à me faire une idée nette et précise de ce que devrait être un recueil complet des monuments de l'histoire du tiers-état, pour qu'un tel recueil pût rivaliser avec les grands ouvrages d'érudition consacrés à l'histoire de la noblesse et du clergé, et qu'il fût digne de la haute fortune politique de ce troisième ordre, le dernier en date, longtemps le moindre en pouvoir, mais que la Providence destinait à vaincre les deux autres, et à les absorber dans une seule masse nationale, désormais compacte et homogène. Les différents genres de matériaux capables de figurer comme documents de l'histoire civile et politique du tiers-état, ou de la bourgeoisie française, m'ont semblé pouvoir être rangés sous plusieurs chefs spéciaux, selon qu'ils se rapportent à la condition privée ou publique des personnes roturières, à leur existence dans la famille, dans la corporation industrielle, dans la commune, dans la province et dans l'État. Il m'a semblé que ces diverses classifications pouvaient se réduire à quatre, et donner naissance à quatre collections particulières ou à quatre divisions du recueil général, que je vais indiquer ici, en les énumérant, non d'après l'ordre logique, mais d'après l'ordre de publication successive que je crois à propos de suivre.

1º Collection des documents de toute espèce relatifs à l'état des villes, bourgs et paroisses de l'ancien royaume de France et des provinces dont la réunion a formé la France actuelle, savoir : Chartes de communes concédées par les rois ou les seigneurs. — Statuts municipaux des villes. — Ordonnances, lettres et actes quelconques qui, à diverses époques, ont accru, modifié ou aboli, dans les différentes localités, les droits et les priviléges communaux.— Actes royaux ou seigneuriaux relatifs au redressement de certains abus et à l'exemption de certaines redevances, tailles ou péages en faveur de telle ou telle ville, bourg ou paroisse de France.

2º Collection des documents relatifs à l'état de la bourgeoisie considérée dans ses diverses corporations. — Statuts constitutifs des anciens corps d'arts et métiers. — Actes et réglements relatifs aux maîtrises et aux jurandes, aux conseils de prud'hommes et aux consulats du commerce. — Ordonnances royales ou municipales concernant la pratique des lois, le barreau, la médecine et la chirurgie, l'exercice de toutes les professions lettrées ou non lettrées, libérales ou industrielles.

3º Collection des actes relatifs à la convocation et à la tenue des états provinciaux et des états-généraux du royaume, au mode d'élection des députés du tiers-état, à leur nombre, à leurs prérogatives et à leur manière de délibérer. — Procès-verbaux des séances des états, soit provinciaux, soit généraux, depuis leur première convocation jusqu'en 1789.

4º Collection d'actes relatifs à l'état des personnes roturières, soit de condition serve, soit de condition libre. — Affranchissements de familles ou d'individus. — Octrois de priviléges royaux à certaines personnes ou à certaines familles bourgeoises. — Concessions du titre de bourgeois du roi. — Priviléges royaux ou seigneuriaux accordés, pour l'exemption de toute sorte de servitudes réelles ou personnelles, à des habitants du plat pays non réunis en communautés. — Requêtes adressées aux cours souveraines des provinces et au parlement de Paris pour la jouissance du droit de franchise de corps et de biens. — Jugements rendus en faveur de ces réclamations ou contre elles.

Après avoir en quelque sorte mesuré de l'œil cette longue carrière qu'il ne me sera pas donné de parcourir, car toute une vie d'homme n'y suffirait pas; je me suis renfermé, Monsieur le Ministre, dans le cercle que me traçaient vos instructions, et je n'ai plus songé qu'à la mise en œuvre des deux premières parties du recueil, la collection des chartes municipales et celle des statuts des corporations d'arts et métiers. Pour arriver à la découverte des pièces inédites dont l'une et l'autre doivent se composer, il fallait qu'un dépouillement général fût entrepris à la fois dans toutes les archives de France. Le soin d'explorer les archives du royaume et les bibliothèques de Paris me regardait seul; mais, pour l'exploration des archives départementales ou municipales et des bibliothèques de province, je devais solliciter le concours des personnes honorées par vous du titre de correspondants de votre ministère. Le pro gramme des deux collections leur fut transmis sous la forme d'une circulaire adressée en votre nom; et, dès lors, je commençai à entretenir, avec ces hommes instruits et recommandables, un commerce de lettres, que la coopération empressée de MM. les chefs de vos bureaux m'a permis de rendre très-actif. Je dirai plus tard quels ont été, pour le progrès de mon travail, les fruits de cette correspondance.

Il s'agissait de commencer à Paris la recherche des actes inédits relatifs à l'organisation communale et à celle des corps d'arts et métiers, et pour cela, d'explorer l'ancien cabinet des chartes et les autres dépôts de manuscrits de la Bibliothèque royale, ainsi que l'immense dépôt des Archives du royaume. Pour ce qui regarde la Bibliothèque royale, je comptais m'aider du dépouillement général des recueils non catalogués, qui s'exécute, d'après vos ordres, sous la direction éclairée de M. Champollion-Figeac. Mais comme ce travail est encore bien loin d'être achevé, le secours qu'il me promettait ne devait pas être de longue durée; et d'ailleurs, privé de la vue comme je le suis, une pareille entreprise était pour moi hérissée de difficultés de tous les genres. Heureusement, je rencontrai une assistance inespérée dans l'intelligence et le zèle de mon collaborateur, M. Martial Delpit, élève de l'École des chartes. Ce jeune homme, doué de qualités d'esprit rares à son âge, d'un sens parfaitement juste et éminemment pratique, d'une conception prompte et d'une grande ponctualité d'exécution, m'a rendu possible une œuvre d'investigations minutieuses que d'avance je craignais d'aborder. Comme durant plusieurs mois je n'ai eu d'autre aide que la sienne, une grande part lui appartient dans les résultats effectifs du travail de cette année, résultats que je vais essayer, Monsieur le Ministre, de vous faire connaître en détail.

L'inscription, sur un bulletin à part, du titre et du sommaire de chaque pièce, telle qu'elle se pratique pour le nouveau catalogue des manuscrits de la Bibliothèque royale, m'ayant paru offrir plus de commodité pour le classement ultérieur, j'ai prescrit l'emploi de ce mode de dépouillement. J'ai fait joindre au titre et à la date de chaque document relatif à l'histoire des communes, ou à celle des corporations d'arts et métiers, une courte notice analytique, ainsi que les noms de la localité (ville, bourg ou village), à laquelle ce document se rapportait, et les noms des grandes circonscriptions anciennes et modernes (diocèse, province, département) où cette localité se trouvait située ; enfin l'indication précise du recueil, du volume et de la page où il faudra recourir, quand le moment de la transcription sera venu.

C'est de cette manière qu'ont été dépouillées successivement au cabinet des manuscrits de la Bibliothèque royale, les collections suivantes : celle de Bréquigny (105 vol. in-folio); celle de Dupuy (950 vol.); celle de Duchesne d'Audiguier et d'Oihenart (121 vol.); celle de Leydet, Prunis et de Lespine (100 cartons); 35 vol. de celle de Doat; celle de de Camps (125 vol.); celle des chartes tirées des archives des Pays-Bas, et recueillies par Desnans (210 vol.); l'inventaire des chartes d'Artois et de Flandre (6 vol.); 100 vol. de la collection de Colbert, contenant les chartes de la Flandre et de l'Artois, et 17 autres recueils de pièces appartenant aux mêmes provinces. Un semblable travail a commencé à s'exécuter aux Archives du royaume, sur une partie du Trésor des chartes. 2,287 bulletins de pièces réputées inédites jusqu'à nouvel examen ont été ainsi relevés, savoir : 1,520 par M. Delpit, 467 par M. Thomassy, que vous avez bien voulu lui adjoindre au 1er novembre 1836; et 300 par M. Teulet, employé à la section historique des Archives, autorisé par vous, depuis le mois de janvier 1837, à travailler sous ma direction.

Voilà, Monsieur le Ministre, ce qu'a produit, jusqu'à présent, l'exploration des dépôts littéraires et des Archives de Paris; mais la plus grande partie des documents qui doivent prendre place dans le grand recueil dont vous m'avez confié la direction, se trouve encore ensevelie dans les archives provinciales, où ils gisent pour la plupart inconnus de ceux-là mêmes qui ont mission de les conserver. Pour obtenir un commencement d'information et voir de quel côté je pourrais, à coup sûr, diriger mes premières demandes, j'ai examiné avec soin tous les renseignements transmis à vos bureaux sur l'état des bibliothèques et des archives départementales, ainsi que les rapports des personnes savantes qui à différentes reprises ont été chargées de visiter et d'inspecter par toute la France les dépôts d'anciens actes publics et les établissements littéraires. Cet examen m'a indiqué l'existence de recueils manuscrits et de répertoires d'actes dont le dépouillement, exécuté sur les lieux, devait me procurer un grand nombre de pièces importantes, ou me fournir des indications capables de me les faire découvrir. Tel fut le sujet des premières lettres que j'adressai, par l'entremise de vos bureaux, aux correspondants de votre ministère dans tous les départements. A mesure que s'est agrandi pour moi le cercle de ces communications officieuses, chaque réponse qui m'a été transmise s'est toujours trouvée, de ma part, suivie d'une nouvelle lettre, dans laquelle je réclamais, soit de plus amples éclaircissements, soit la copie de pièces jugées utiles et reconnues inédites. Ces demandes de copies se sont élevées au nombre de sept cent trente-neuf, tant pour les chartes de communes que pour les actes relatifs aux corporations industrielles. En outre, j'ai fait transcrire moi-même quarante pièces environ, dont les originaux, transmis en communication par les maires de plusieurs villes, leur ont été ensuite fidèlement renvoyés. Toutes ces copies sont maintenant déposées au bureau des travaux historiques, dans des cartons étiquetés du titre de la collection que je dirige.

Il est de mon devoir, Monsieur le Ministre, de nommer ici ceux de MM. les correspondants qui se sont empressés de venir à mon aide dans ce travail préparatoire, et dont le zèle désintéressé mérite ma reconnaissance et votre approbation. M. le docteur Leglay, archiviste-général du département du Nord, a bien voulu extraire du riche dépôt dont la surveillance lui est confiée, plusieurs catalogues de chartes municipales, et, sur ma demande, il a déjà envoyé copie de cinquante-cinq de ces pièces. M. Tailliar, conseiller à la cour royale de Douai, m'a transmis le sommaire et quelques fragments d'un mémoire plein de science et de vues ingénieuses sur l'origine et la constitution des communes du nord de la France; je lui dois en outre vingt-six copies de chartes concernant les villes d'Aire et de Douai. M. Chambaud, archiviste du département de

Vaucluse, après avoir visité toutes les archives communales de ce département, a consigné les résultats de cette inspection dans plusieurs rapports d'un haut intérêt, qui renferment de curieux détails sur l'organisation libre des villes de l'ancien comtat Venaissin, sur leurs assemblées représentatives, le nombre, le mode d'élection, le degré de pouvoir et les différents titres de leurs magistrats locaux. M. de Laplane, correspondant à Sisteron, a envoyé un sommaire de l'histoire de cette ville, plein de renseignements relatifs au progrès et aux vicissitudes de son existence municipale. MM. Hiver à Péronne, Deville à Rouen, Dusevel et Rigollot à Amiens, Ludovic Chapplain à Nantes, de Formeville à Lisieux, Maillet à Rennes, ont fourni des notices détaillées sur les archives de ces différentes villes, et procuré ou promis un assez grand nombre de pièces. MM. Chaudruc de Crazannes pour le Querci, de Gaujal pour le Rouergue, Samazeuilh pour l'Agenais, Lateyssonnière pour la Bresse, de Courson pour la Bretagne, ont donné des notices intéressantes sur les chartes communales de ces provinces. Enfin, MM. de Givenchy, Piers, Herman et Legrand, à Saint-Omer, Maurice Ardant à Limoges, Morellet à Nevers, Clément Compayré à Alby, Galeron à Falaise, Ollivier à Valence, Henri à Perpignan, Dumont à Saint-Mihiel, Pâris à Reims, Soyer-Villemel à Nanci, Ricard à Marseille, de Mourcin à Périgueux, Fernel Père à Neufchâtel, Lagarde à Tonneins, Maffre et Boudard à Béziers, ont envoyé, soit des indications précieuses, soit des pièces importantes.

C'est avec regret, Monsieur le Ministre, qu'après avoir payé ma dette de gratitude, je me vois contraint d'ajouter que, sur cent vingt correspondants nommés par vous pour la recherche et la conservation des monuments de notre histoire, quarante seulement ont répondu à l'appel que je leur ai fait en votre nom. De cinquante-deux départements, et en général des provinces du centre et de l'est, Poitou, Anjou, Touraine, Blésois, Orléanais, Berry, Bourbonnais, Lyonnais, Franche-Comté, Bourgogne, Alsace, il ne m'est parvenu ni documents, ni indications quelconques. Ces provinces pourtant ne manquent pas plus que les autres d'hommes avantageusement connus par leurs travaux archéologiques, et doués de ce louable esprit de patriotisme qui se plaît à raviver et à rendre populaires les souvenirs de la contrée natale. J'aime à croire qu'il n'y a point là défaut de zèle, mais simple lenteur de travail, et que le vide causé par ce retard se trouvera bientôt comblé. Quoi qu'il en soit, je me suis convaincu, Monsieur le Ministre, que sans votre patronage et la vaste centralisation dont vous disposez, il me serait impossible d'obtenir le concours d'efforts et l'assiduité de communications dont j'ai besoin; et que si le rêve de l'exécution d'une pareille entreprise, par des sociétés libres et des souscriptions volontaires, peut être honnête et consciencieux, il est complétement chimérique. Du reste, comme je l'ai déjà dit, aucun genre d'assistance ne m'a manqué dans vos bureaux; je me plais à en rendre témoignage et à remercier de leur coopération non moins active qu'éclairée M. Royer-Collard, chef de la division des sciences et des lettres, et M. Herbet, chef du bureau des travaux historiques.

Il me reste à vous parler, Monsieur le Ministre, du plan qui sera suivi dans la mise en œuvre de la première partie du recueil des monuments de l'histoire du tiers-état, et aussi des mesures que je me propose de prendre pour arriver le plus promptement possible à un commencement de publication. Cette première partie doit être, selon moi, non pas une simple collection de pièces inédites, mais le répertoire universel de tous les actes relatifs à l'histoire des villes municipales, des communes et des bourgeoisies. Pour cela, il faudra qu'elle contienne avec le texte entier des documents nouveaux, les titres et de courts sommaires de tous ceux qui ont déjà paru imprimés dans d'autres recueils ou dans des ouvrages historiques.

Les différents matériaux de la collection, textes ou sommaires de chartes, lettres, statuts, réglements, etc., seront classés et rangés d'après leur date et d'après la région du territoire à laquelle ils appartiennent, de telle sorte que l'ordre chronologique et l'ordre géographique se trouvent combinés ensemble. Dans la division qui me paraît devoir être faite du sol municipal de la France en cinq régions, celle du nord, de l'ouest, du centre, de l'est et du midi, je n'ai pas eu seulement en vue les facilités pratiques et la promptitude du travail, mais des différences essentielles quant aux origines et à l'organisation du régime communal. Dans la région du nord, les chartes de communes sont en général des traités de paix conclus entre la ville et son seigneur, après une insurrection populaire. Dans celle de l'ouest, on ne voit aucune intervention de la royauté pour l'affranchissement des communes; toutes les chartes primitives sont de concession seigneuriale. Dans celle du centre paraissent les grandes villes de bourgeoisie, privilégiées quant aux droits civils, mais sans libertés politiques. Dans celles de l'est et du sud-est, domine le système régulier d'une double assemblée représentative, d'un grand et d'un petit conseil convoqués périodiquement. Enfin la région du midi, moins abondante en chartes de communes proprement dites, offre une foule de grands monuments de législation municipale, lois de justice et de police, lois d'élection pour les magistratures, lois organiques pour la réforme des constitutions existantes.

Du cours de la Vienne et des montagnes d'Auvergne aux Pyrénées et aux Alpes, les anciens statuts des villes, rédigés avec plus de science et de méthode, sont de véritables codes civils et criminels, débris, pour la plupart, de l'ancienne législation écrite, du code théodosien, qui, pour les cités méridionales, était toujours la règle du droit, l'ORDEN DE DRECH, comme s'expriment les coutumes de Montpellier.

La première série de la collection des monuments de l'histoire du régime municipal et communal sera celle de l'EXTRÈME NORD; selon toute apparence, le tome Ier comprendra les pièces relatives aux provinces de la Flandre française, du Hainaut français, de l'Artois, et aux comtés de Vermandois, Boulonnais et Ponthieu (départements du Nord et du Pas-de-Calais, portion des départements de l'Aisne et de la Somme). Sur toute la partie de ce territoire anciennement soumise à la seigneurie des comtes de Flandre, les institutions communales et le nom de ces institutions, KEURES OU CŒURES (mot étranger à la langue française), sont les mêmes que dans la Flandre

[1] Ce mot signifie *statut*, décision prise de commun accord.

belge; l'esprit des coutumes municipales y paraît exclusivement dérivé des lois barbares, et il y a dans les formes de l'association, soit civile, soit industrielle, une teinte fortement marquée des mœurs germaniques. Cette zone de pays présente en outre une particularité qui ne se rencontre guère dans les autres contrées de la France : ce sont les institutions de paix publique, la TRÈVE DE DIEU et la TRÈVE DU PRINCE, localisées, pour ainsi dire, au sein des villes et des bourgs, et devenues des établissements de police urbaine, sous la garantie des magistrats municipaux. Ainsi, non-seulement la délimitation géographique, mais encore des différences remarquables de caractère historique, distingueront, dans la collection, ce premier groupe des chartes de communes, de ceux qui doivent le suivre, et former avec lui la série entière des pièces concernant la région territoriale que j'ai nommée RÉGION DU NORD.

Afin de hâter le plus possible la publication de ce premier volume, dès que ma résolution a été prise de commencer par la frontière du nord, j'ai borné le dépouillement des grands recueils et des dépôts d'actes, tant de la Bibliothèque royale que des Archives du royaume, à la circonscription territoriale que je me proposais d'embrasser d'abord. Pour établir le partage de ce qui doit être relevé présentement et de ce qu'on pourra négliger, sauf à y revenir plus tard, M. Delpit a exploré, par mon ordre, tous les catalogues du cabinet des manuscrits de la Bibliothèque, et cet examen lui a fourni les indications suivantes sur le nombre et la nature des collections qui nous restent à dépouiller :

1° 74 recueils de chartes, lettres et autres actes concernant d'une manière spéciale les pays de Flandre, Hainaut, Artois, Vermandois et Boulonnais;

2° 445 recueils de chartes ou titres, exclusivement relatifs à quelqu'une des autres provinces du royaume;

3° 322 collections mixtes, ou recueils généraux de documents pour l'histoire de France.

De ces trois catégories, la première et la dernière, l'une à cause de sa spécialité, l'autre à cause de la promiscuité des documents qu'elle réunit, sont les seules à l'égard desquelles le travail de recherches à fond se continuera; la seconde sera réservée pour un examen ultérieur. La même méthode va être appliquée au dépouillement des Archives du royaume; mais aucune restriction n'aura lieu pour la correspondance avec les départements, source d'informations précieuses que je tâcherai de tenir constamment ouverte et d'agrandir de plus en plus. Quant à la durée des travaux préparatoires, je ne puis la fixer, Monsieur le Ministre, que d'une manière approximative. Le relevé complet de tous les actes relatifs aux provinces de l'extrême nord, exécuté d'abord sur les collections manuscrites, et ensuite sur les recueils imprimés, exigera, sans nul doute, au moins un an. Il faudra encore un an au moins pour la transcription, la collation et l'annotation des pièces qui composeront le premier volume, pour la rédaction des notices historiques dont chacune doit être précédée, et pour celle de l'introduction générale : ainsi, aucune publication ne peut avoir lieu avant deux années. Ce terme est long, je le reconnais, et je voudrais promettre davantage; mais telle est la nature des grands ouvrages d'érudition historique, il ressemblent à ces constructions d'architecture monumentale, dont les fondements se creusent profondément, et où beaucoup de travail doit s'enfouir avant que rien paraisse au-dessus du sol.

Il y a, certes, un grand mérite d'à-propos dans l'intention de recueillir et de rassembler en un seul corps tous les documents authentiques de l'histoire de ces familles sans noms, mais non pas sans gloire, d'où sont sortis les hommes qui firent la révolution de 1789 et celle de 1830; ce mérite, Monsieur le Ministre, doit vous être rapporté en entier. J'ai reçu de vous l'idée première de ce vaste recueil, et le plan de l'ouvrage avec ses divisions m'a été suggéré par l'analyse aussi profonde qu'ingénieuse que, dans votre histoire de la civilisation française, vous avez faite des origines multiples et de la formation lente et toujours progressive du tiers-état. Quelle que soit la nuance d'opinion qui triomphe dans nos débats parlementaires, aucune, du moins j'ose l'espérer, ne saurait voir avec indifférence cette laborieuse et patriotique entreprise, ni se montrer avare pour elle de secours et d'appui. En effet, de grandes leçons et de beaux exemples pour le siècle présent peuvent sortir de la révélation de cette face obscure et trop négligée des six derniers siècles de notre histoire nationale. Il y avait, chez nos ancêtres de la bourgeoisie cantonnés dans leurs mille petits centres de liberté et d'action municipales, des mœurs fortes, des vertus publiques, un dévouement naïf et intrépide à la loi commune et à la cause de tous; surtout ils possédaient à un haut degré cette qualité du vrai citoyen et de l'homme politique, qui nous manque peut-être aujourd'hui, et qui consiste à savoir nettement ce qu'on veut, et à nourrir en soi des volontés longues et persévérantes.

Dans toute l'étendue de la France actuelle, pas une ville importante qui n'ait eu sa loi propre et sa juridiction municipale; pas un bourg ou simple village qui n'ait eu ses chartes de franchise et ses priviléges communaux; et, parmi cette foule de constitutions d'origine diverse, produit de la lutte ou du bon accord entre les seigneurs et les sujets, de l'insurrection populaire ou de la médiation royale, d'une politique généreuse ou de calculs d'intérêts, d'antiques usages rajeunis ou d'une création neuve et spontanée (car il y a de tout cela dans l'histoire des communes), quelle infinie, j'allais dire quelle admirable variété d'inventions, de moyens, de précautions, d'expédients politiques! Si quelque chose peut faire éclater la puissance de l'esprit français, c'est la prodigieuse activité de combinaisons sociales qui, durant quatre siècles, du douzième au seizième, n'a cessé de s'exercer pour créer, perfectionner, modifier, réformer partout les gouvernements municipaux, passant du simple au complexe, de l'aristocratie à la démocratie, ou marchant en sens contraire, selon le besoin des circonstances et le mouvement de l'opinion. Voilà quel spectacle digne d'intérêt et de méditation m'ont présenté les deux mille pièces ou sommaires de pièces authentiques dont j'ai déjà pris connaissance. J'y ai vu la bourgeoisie française, non-seulement ferme et intelligente dans la gestion de ses affaires locales, mais, ce que l'on a trop oublié depuis, honorée par les chefs de l'État comme un pouvoir politique, appelée en garantie dans les traités conclus avec les puissances étrangères, souvent complimentée et même flattée par les rois et les régents du royaume.

Ainsi, le recueil des monuments de l'histoire du tiers-état doit mettre en quelque sorte au grand jour les racines les plus profondes et les plus vivaces de notre ordre social actuel. Des quatre collections dont il sera composé, la première, celle des chartes et des statuts communaux, suffirait seule pour honorer, non-seulement aux yeux du pays, mais encore aux yeux de la science, le gouvernement sous le patronage duquel elle s'exécutera; car elle réalise un des vœux les plus chers des hautes intelligences historiques du dix-huitième siècle, des Laurière, des Bréquigny, qui voyaient dans les monuments de la législation municipale l'origine la plus certaine et la plus pure de notre ancien droit coutumier. Pour moi, Monsieur le Ministre, je tâcherai de poser au moins les bases du grand ouvrage dont la pensée vous appartient, heureux d'aller rechercher à toutes leurs sources les souvenirs de cette masse plébéienne, autrefois esclave ou sujette, maintenant souveraine, dont j'ai salué avec joie la dernière et glorieuse victoire : heureux enfin d'employer le peu de force qui me reste pour une cause et pour dés études auxquelles j'ai dévoué ma vie.

J'ai l'honneur d'être avec une haute considération,

Monsieur le Ministre,

Votre très-humble et très-obéissant serviteur,

AUGUSTIN THIERRY.

LIBRAIRIE DE JUST TESSIER,

quai des Augustins.

LIVRES DE FONDS.

HISTOIRE DE LA CONQUÊTE DE L'ANGLETERRE PAR LES NORMANDS, de ses causes et de ses suites jusqu'à nos jours; en Angleterre, en Écosse, en Irlande, et sur le continent; par Augustin Thierry, membre de l'Institut, 4e édition, revue et corrigée, 4 vol. in-8° avec atlas.................... 30 f.

LETTRES SUR L'HISTOIRE DE FRANCE, pour servir d'introduction à l'étude de cette histoire; par le même; 5e édition, 1 vol. in-8°...... 7 f. 50 c.

DIX ANS D'ÉTUDES; par le même; 2e édition, 1 vol. in-8°...... 7 f. 50 c.

HISTOIRE DES GAULOIS, depuis les temps les plus reculés jusqu'à l'entière soumission de la Gaule à la domination romaine; par Amédée Thierry, correspondant de l'Institut; 2e édition, 3 vol. in-8°.................. 22 f. 50 c.

SCÈNES DE MOEURS ET DE CARACTÈRES aux XVIIIe et XIXe siècles : par madame Augustin Thierry; 1 vol. in-8°...................... 7 f. 50 c.

LEÇONS DE PHILOSOPHIE, sur les principes de l'intelligence, ou sur les causes et sur les origines des idées; par M. Laromiguière, membre de l'Institut, professeur de philosophie à la faculté des lettres; 5e édition, revue par l'auteur; 2 vol. in-8°........................ 15 f.

Le même, 3 vol. in-12...... 10 f.

BIOGRAPHIE UNIVERSELLE, ou Dictionnaire historique, contenant la nécrologie des hommes célèbres de tous les pays, des articles consacrés à l'histoire générale des peuples, etc., etc., depuis le commencement du monde jusqu'à nos jours; par une société de gens de lettres, de professeurs et de biographes; 6 vol. in-8°. 40 f.

PHYSIOLOGIE DU GOUT, ou Méditation de Gastronomie transcendante; par Brillat-Savarin; 4e édition, 2 vol. in-8°...................... 10 fr.

LETTRES SUR LES RÉVOLUTIONS DU GLOBE; par A. Bertrand; 4e édition, 1 vol. in-18............... 4 f.

HISTOIRE DES SIX RESTAURATIONS FRANÇAISES; par F. Dollé, 1 vol. in-8°............... 7 f. 50 c.

OEUVRES COMPLÈTES DE WALTER-SCOTT, édition de luxe : 84 vol. grand in-18, papier cavalier, ornés de 204 vignettes gravées sur acier, par nos plus habiles artistes........ 157 f.

www.ingramcontent.com/pod-product-compliance
Lightning Source LLC
Chambersburg PA
CBHW060550050426
42451CB00011B/1833